L'Enfant qui lit bien
est récompensé.

SYLLABAIRE
DES DEUX PREMIERS AGES,
A L'USAGE
DES ÉCOLES PRIMAIRES;
CONTENANT

L'Alphabeth, les Droits et les Devoirs de l'homme; et une petite Instruction élémentaire sur les nouvelles mesures.

On y joint, quand on veut, un petit Traité de Grammaire.

A PARIS,
Chez AUBRY, libr., quai des Augustins, n°. 42.

AN SIX DE LA RÉPUBLIQUE.

Je poursuivrai le contrefacteur.

Aubry

[3]

A B C D E
F G H I J
K L M N O
P Q R S T
U V X Y Z
Æ Œ W

A 2

ABCDEFGHIKLM
NOPQRSTUVXYZ

abcdefghijklmnopqrſstu
vxyz&æœwæffffiflffflſiſlſhſt

abcdefghijklmnopqrſs
tuvxyz&æœffffiffiffflœſſi
ſlſhſtw éàèùâêîôû.,;:?!

Voyelles.

A E I O U

Consonnes.

B C D F G H K L M N P Q R S T V X Y Z

Syllabes.

Ba	bé	bê	be	bi	bo	bu
ca	cé	cê	ce	ci	co	cu
da	dé	dê	de	di	do	du

[5]

fa	fé	fê	fe	fi	fo	fu
ga	gé	gê	ge	gi	go	gu
ha	hé	hê	he	hi	ho	hu
ja	jé	jê	je	ji	jo	ju
ka	ké	kê	ke	ki	ko	ku
la	lé	lê	le	li	lo	lu
ma	mé	mê	me	mi	mo	mu
na	né	nê	ne	ni	no	nu
pa	pé	pê	pe	pi	po	pu
ra	ré	rê	re	ri	ro	ru
sa	sé	sê	se	si	so	su
ta	té	tê	te	ti	to	tu
va	vé	vê	ve	vi	vo	vu
xa	xé	xê	xe	xi	xo	xu
za	zé	zê	ze	zi	zo	zu
bla	blé	blê	ble	bli	blo	blu
bra	bré	brê	bre	bri	bro	bru
cha	ché	chê	che	chi	cho	chu
chra	chré	chrê	chre	chri	chro	chru
cla	clé	clê	cle	cli	clo	clu

A 3

cra	cré	crê	cre	cri	cro	cru
dra	dré	drê	dre	dri	dro	dru
fla	flé	flê	fle	fli	flo	flu
fra	fré	frê	fre	fri	fro	fru
gla	glé	glê	gle	gli	glo	glu
gna	gné	gnê	gne	gni	gno	gnu
gra	gré	grê	gre	gri	gro	gru
gua	gué	guê	gue	gui	guo	guu
kla	klé	klê	kle	kli	klo	klu
kra	kré	krê	kre	kri	kro	kru
pha	phé	phê	phe	phi	pho	phu
phra	phré	phrê	phre	phri	phro	phru
pla	plé	plê	ple	pli	plo	plu
pra	pré	prê	pre	pri	pro	pru
qua	qué	quê	que	qui	quo	quu
spa	spé	spê	spe	spi	spo	spu
sta	sté	stê	ste	sti	sto	stu
tha	thé	thê	the	thi	tho	thu
tra	tré	trê	tre	tri	tro	tru
vra	vré	vrê	vre	vri	vro	vru

Vi-ve la Ré-pu-bli-que.

Les mêmes syllabes appliquées à des mots.

Ba-din, bé-quil-le, bê-te, be-sa-ce, bi-jou, bo-ca-ge, bu-tin.

Ca-det, Cé-sar, cê-dre, ce-ri-se, ci-tron, co-ton, cu-vier.

Da-mas, dé-pit, de-vin, di-set-te, do-reur, du-vet.

Fa-ble, fé-ru-le, fê-te, fe-mel-le, fi-ler, fo-rêt, fu-rie.

Ga-let-te, gé-nie, gê-ne, ge-nou, gi-let, go-be-let.

Ha-bit, hé-si-ter, hê-tre, hi-ver, ho-quet, hu-pé.

Ja-dis, je-ter, jo-li, ju-ge.

La-pin, lé-zard, le-ver, li-re, lo-to, lu-trin.

Ma-ri, mé-na-ge, mê-che, me-ner, mi-di, mo-mie, mu-tin.

Na-ger, né-go-ce, ne-veu, ni-gaud, no-tai-re, nu-mé-rai-re.

Pa-trie, pé-pin, pê-cheur, pe-tit, pi-lon, po-li-chi-nel-le, pu-blic.

Qua-tre, qué-rir, quê-te, que-rel-le, qui-pro-quo, quo-ti-té.

Ra-pé, ré-tif, rê-ve, re-tour, ri-re, ro-be, ru-bis.

Sa-ge, sé-pa-rer, se-cret, si-rop, so-leil, su-prê-me.

Ta-ble, té-moin, tê-te, te-nir, ti-roir, to-tal, tu-li-pe.

Va-peur, vé-ri-té, vê-te-ment, ve-nir, vi-nai-gre, vo-leur, vul-né-rai-re.

Bla-son, blê-me, blo-quer, blu-teau.

Bra-vou-re, bré-sil, bre-lo-que, bri-co-le, bro-chet, bru-tal.

Cha-peau, ché-tif, che-val, chi-que-nau-de, cho-pi-ne, chu-cho-ter.

Cla-quer, clé-men-ce, cli-quet-te, clo-chet-te.

Dra-gon, drê-che, dre-lin, dri-a-de, dro-ma-dai-re, dru-i-de.

Fra-ter-ni-té, fré-ga-te, frê-le, fre-lu-che, fri-mas, fro-ma-ge, fru-gal.

Gla-ce, glo-ri-eux, glu-ti-neux.

Gra-de, gré-sil, grê-le, gre-din, gri-ma-ce, gro-seil-le, gru-me.

Gué-ri-te, guê-tre, gue-non, gui-don.
Pha-lan-ge, phé-nix, phi-lo-so-phe.
Pla-card, plé-bé-i-en, pli-er, plu-met.
Pra-ti-que, pré-si-dent, prê-cheur, pre-neur, pri-son, pro-cès, pru-neau.
Spa-das-sin, spé-cu-la-tion, spi-ri-tuel, spo-li-a-tion.
Sta-tue, sté-no-gra-phie, stè-re, sti-mu-ler, sto-ï-que, stu-pi-de.
Tha-lie, thé-o-phi-lan-tro-pe, thê-me, Thi-baut, Thomas.
Tra-vail, tré-bu-chet, trê-ve, tri-bun, tro-phée, tru-che-ment.
In-cons-ti-tu-ti-on-nel-le-ment.

Petites phrases détachées.

Si mon petit enfant lit bien, il aura un beau tambour.

Si c'est ma petite fille, on lui donnera une belle poupée.

Il ne faut jamais approcher du feu, crainte d'y tomber.

Il ne faut pas non plus mentir, parce que cela n'est pas beau.

Allons, faisons l'exercice : Pa ta pa ta pan... Portez... arme!... Présentez... arme! mi-tour... à droite! mi-tour... à gauche! En joue... feu! Reposez-vous... arme!... En retraite.... Pa ta pa ta pan; pa ta pa ta pan.

VIVE LA LIBERTÉ!
VIVE L'ÉGALITÉ!
VIVE LA RÉPUBLIQUE
FRANÇAISE!

Les animaux.

Le petit chat, le petit chien, le petit lapin, le coq, les poules, le cheval, l'âne, la vache, le mouton, la chèvre, l'agneau.

La nourriture.

Du pain, du vin, de la viande, des légumes, du lait, du beurre, des œufs, du fromage, des pommes, des poires, des prunes, des cerises, des fraises, des groseilles, des abricots, des pêches, des raisins.

LES QUATRE ÉLÉMENS.

L'air,	Le feu,
La terre,	L'eau.

DIVISION DU TEMPS.

L'année, qui est de trois cents soixante-cinq jours, se divise en douze mois, et cinq jours complémentaires.

Le mois se divise en trente jours, ou trois décades.

Le jour en vingt-quatre heures.

L'heure en soixante minutes.

Et la minute en soixante secondes.

LES MOIS DE L'ANNÉE.

AUTOMNE.

Vendémiaire, ou mois des vendanges.
Brumaire, ou mois des brouillards.
Frimaire, ou mois des gelées.

HIVER.

Nivôse, ou mois des neiges.

Pluviôse, ou mois des pluies.
Ventôse, ou mois des vents.

PRINTEMPS.

Germinal, ou mois de la sève.
Floréal, ou mois des fleurs.
Prairial, ou mois des prairies.

ÉTÉ.

Messidor, ou mois des moissons.
Thermidor, ou mois de la chaleur.
Fructidor, ou mois des fruits.

Noms des jours de la Décade.

Primedi, *Duodi*, *Tridi*, *Quartidi*, *Quintidi*, *Sextidi*, *Septidi*, *Octidi*, *Nonidi*, *Décadi*.

NOMBRES.

UN	I	1
DEUX	II	2
TROIS	III	3
QUATRE	IV	4
CINQ	V	5

Six	VI	6
Sept	VII	7
Huit	VIII	8
Neuf	IX	9
Dix	X	10
Vingt	XX	20
Trente	XXX	30
Quarante	XL	40
Cinquante	L	50
Soixante	LX	60
Soixante-dix	LXX	70
Quatre-vingt	XXXX	80
Quatre-vingt-dix	XC	90
Cent	C	100
Deux cents	CC	200
Trois cents	CCC	300
Quatre cents	CCCC	400
Cinq cents	D	500
Six cents	DC	600
Sept cents	DCC	700
Huit cents	DCCC	800
Neuf cents	CM	900
Mille	M	1000

Ce qui compose la République Française.

La Nation *ou* le Peuple.
Les Assemblées primaires.
Les Représentans du Peuple, *ou* le Corps législatif.
Le Directoire exécutif.
Les Ministres.
Les Administrations départementales.
Les Administrations municipales.
Les Agens nationaux.
Le Tribunal de la haute cour.
Le Tribunal de cassation.
Les Tribunaux civils.
Les Tribunaux criminels.
Les Accusateurs publics.
Les Généraux d'armée.
Les Capitaines.
Les Soldats.
Les Citoyens et Citoyennes.
Les Enfans.

Invocation à l'Être suprême.

Pere de la nature, je bénis tes bienfaits, je te remercie de tes dons.

J'admire le bel ordre de choses que tu as établi par ta sagesse, et que tu maintiens par ta providence, et je me soumets pour toujours à cet ordre universel.

Je ne te demande pas le pouvoir de bien faire : tu me l'as donné, ce pouvoir, et avec lui, la conscience pour aimer le bien, la raison pour le connaître, la liberté pour le choisir. Je n'aurais donc pas d'excuse si je faisais le mal. Je prends devant toi la résolution de n'user de ma liberté que pour faire le bien, quelques attraits que le mal paraisse me présenter.

Je ne t'adresserai point d'indiscretes prières ; tu connais les créatures sorties de tes mains ; leurs besoins n'échappent pas plus à tes regards que leurs plus secrettes pensées. Je te prie seulement de redresser les erreurs du monde et les miennes; car presque tous les maux qui affligent les hommes proviennent de leurs erreurs.

Plein de confiance en ta justice, en ta bonté, je me résigne à tout ce qui arrive; mon seul desir est que ta volonté soit faite.

PRINCIPES DE MORALE.

Adorez Dieu, chérissez vos semblables, rendez-vous utiles à la Patrie.

Enfans honorez vos pères et mères, obéissez-leur avec affection, soulagez leur vieillesse.

Pères et mères instruisez vos enfans.

DÉCLARATION
DES DROITS ET DES DEVOIRS
DE L'HOMME ET DU CITOYEN.

LE PEUPLE FRANÇAIS proclame, en présence de l'Être-suprême, la déclaration suivante des droits et des devoirs de l'homme et du citoyen.

DROITS.

ART. I. Les droits de l'homme en société, sont la liberté, l'égalité, la sûreté, la propriété.

II. La liberté consiste à pouvoir faire ce qui ne nuit pas aux droits d'autrui.

III. L'égalité consiste en ce que la loi est la même pour tous, soit qu'elle protège, soit qu'elle punisse.

L'égalité n'admet aucune distinction de naissance, aucune hérédité de pouvoirs.

IV. La sûreté résulte du concours de tous pour assurer les droits de chacun.

V. La propriété est le droit de jouir et de disposer de ses biens, de ses revenus, du fruit de son travail et de son industrie.

VI. La loi est la volonté générale, exprimée par la majorité, ou des citoyens, ou de leurs représentans.

VII. Ce qui n'est pas défendu par la loi, ne peut être empêché.

Nul ne peut être contraint à faire ce qu'elle n'ordonne pas.

VIII. Nul ne peut être appellé en justice, accusé, arrêté ni détenu, que dans les cas déterminés par la loi, et selon les formes qu'elle a prescrites.

IX. Ceux qui sollicitent, expédient, signent, exécutent ou font exécuter des actes arbitraires, sont coupables et doivent être punis.

X. Toute rigueur qui ne serait pas nécessaire pour s'assurer de la personne d'un prévenu, doit être sévèrement réprimée par la loi.

XI. Nul ne peut être jugé qu'après avoir été entendu ou légalement appellé.

XII. La loi ne doit décerner que des peines strictement nécessaires et proportionnées au délit.

XIII. Tout traitement qui aggrave la peine déterminée par la loi, est un crime.

XIV. Aucune loi, ni criminelle,

ni civile, ne peut avoir d'effet rétroactif.

XV. Tout homme peut engager son temps et ses services, mais il ne peut se vendre ni être vendu ; sa personne n'est pas une propriété aliénable.

XVI. Toute contribution est établie pour l'utilité générale : elle doit être répartie entre les contribuables, en raison de leurs facultés.

XVII. La souveraineté réside essentiellement dans l'universalité des citoyens.

XVIII. Nul individu, nulle réunion partielle de citoyens, ne peut s'attribuer la souveraineté.

XIX. Nul ne peut, sans une délégation légale, exercer aucune autorité ni remplir aucune fonction publique.

XX. Chaque citoyen a un droit égal de concourir immédiatement ou médiatement à la formation de la loi, à la nomination des représentans du peuple et des fonctionnaires publics.

XXI. Les fonctions publiques ne peuvent devenir la propriété de ceux qui les exercent.

XXII. La garantie sociale ne peut exister, si la division des pouvoirs n'est pas établie, si leurs limites ne sont pas fixées, et si la responsabilité des fonctionnaires publics n'est pas assurée.

DEVOIRS.

ART. I. La déclaration des droits contient les obligations des législateurs; le maintien de la société demande que ceux qui la composent connaissent et remplissent également leurs devoirs.

II. Tous les devoirs de l'homme et du citoyen dérivent de ces deux principes gravés par la nature dans tous les cœurs :

Ne faites pas à autrui ce que vous ne voudriez pas qu'on vous fît :

Faites constamment aux autres le bien que vous voudriez en recevoir.

III. Les obligations de chacun envers la société, consistent à la défendre, à la servir, à vivre soumis aux lois, et à respecter ceux qui en sont les organes.

IV. Nul n'est bon citoyen s'il n'est bon fils, bon pere, bon frere, bon ami, bon époux.

V. Nul n'est homme de bien s'il

n'est franchement et religieusement observateur des lois.

VI. Celui qui viole ouvertement les lois, se déclare en état de guerre avec la société.

VII. Celui qui, sans enfreindre ouvertement les lois, les élude par ruse ou par adresse, blesse les intérêts de tous; il se rend indigne de leur bienveillance et de leur estime.

VIII. C'est sur le maintien des propriétés que repose la culture des terres, toutes les productions, tout moyen de travail, et tout l'ordre social.

IX. Tout citoyen doit ses services à la patrie et au maintien de la liberté, de l'égalité et de la propriété, toutes les fois que la loi l'appelle à les défendre.

ÉLÉMENS des nouvelles Mesures de la République Française, d'après les principes du citoyen *AUBRY*, consignés dans son *Instruction élémentaire* *.

LES NOMS des nouvelles mesures, dont on se fait un si grand fantôme, se réduisent à *seize*, savoir :

Cinq primitifs de premiere classe,
Trois primitifs de deuxieme classe,
Et *huit* dérivés.

Des cinq noms primitifs de 1ere classe.

Les cinq noms primitifs de premiere classe sont ceux qui suivent.

---

* L'espace ne permettant pas de détailler ici les motifs qui ont déterminé l'Auteur à publier sa méthode, il est indispensable que les Instituteurs se procurent cette *Instruction*, afin de pouvoir donner raison des mots employés par le décret, ainsi que des abréviations proposées par le citoyen AUBRY.

Le MONO, autrement l'unité fondamentale : le DÉCA, le valant dix fois : l'HECTO, le valant cent fois : le KILO, le valant mille fois : et le MYRIA, le valant dix mille fois.

Des trois mots primitifs de 2e. classe.

Ces trois mots sont ceux qui suivent.

Le DÉCI, qui exprime le dixieme du MONO : le CENTI, qui en exprime la centieme partie : et le MILLI, qui en exprime la millieme partie.

Des huit mots dérivés.

Il devrait à la rigueur y en avoir seize, puisque chacun des mots primitifs qui précedent sont de nature à présenter leur *double* et leur *moitié* : mais il n'y a exactement que le KILO, l'HECTO, le DÉCA, le MONO et le DÉCI qui soient dans ce cas ; encore le KILO ne présente-t-il pas de *double*, et le DÉCI de *moitié*.

Ainsi il y a par ce moyen,

Le DEMI-KILO, valant 500 fois le

MONO. (On peut l'abréger en disant *mi-kilo*, et même *milo*.*)

Le DOUBLE HECTO, valant 200 fois le MONO. (On peut l'abréger *idem* en disant *bi-hecto*, ou plutôt encore *becton*, pour n'avoir pas *becto*, *hecto* et *mecto*, dont la consonnance ferait confondre les objets.)

Le DEMI HECTO, valant 50 fois le MONO. (On peut l'abréger *idem* en disant *mi-hecto*, ou *mectin*.)

Le DOUBLE DÉCA, valant 20 fois le MONO. (On peut l'abréger *idem* en disant *bi-déca* ou *bican*.)

Le DEMI DÉCA, valant 5 fois le MONO. (On peut l'abréger *idem* en disant *mi-déca*, ou *mical*.**)

Le DOUBLE MONO, valant 2 fois le

---

* Voyez, au sujet de cette abréviation et de toutes celles qui suivent, l'*Instruct. élémentaire.*

** On propose de l'appeller *mical* au lieu de *micar* qu'il y a dans l'*Instruction*, pour varier de terminaison avec *mimar* qui est ci-après, et qui par ce moyen seraient sujets à se confondre.

mono. (On peut l'abréger *idem* en disant *bi-mono*, ou *bimon*.)

Le DEMI MONO, valant la moitié du mono. On peut l'abréger *idem* en disant *mi-mono*, ou *mimar*).

Et le DOUBLE DÉCI, valant la 5ᵉ. partie du mono. (On peut l'abréger *idem* en disant *bi-déci*, ou *bici*.)

Tel est le fondement du systême, qui, dans cet état, peut s'appliquer indistinctement à tous les genres de mesures possibles.

En effet, quand on se présente pour acheter, soit un *mono* d'étoffe, soit un *hecto* de terre, soit un *bi-mono* ou *bimon* de bois, soit un *déca* de vin, soit un *kilo* de grains, soit enfin un *mi-hecto* ou *mectin* de sucre, on ne doit pas craindre que le marchand d'étoffe aille chercher le *mono* à liquide, le vendeur de terre l'*hecto* à grains, le marchand de bois le *bi-mono* ou *bimon* de pesanteur, le cabaretier le *déca* de terre, le marchand de grains le *kilo* de longueur, et l'épicier le *demi-*

hecto ou *mectin* de solidité. Aussi voilà pourquoi la nouvelle nomenclature se trouve réduite à ces *seize mots*.

Cependant, comme la loi a établi cinq mots génériques, qu'elle applique à chacune des classes de mesures qui existent dans la nature, il est juste qu'on les connaisse, pour les joindre toutes les fois qu'on le voudra aux seize mots que je viens de présenter; car on ne veut aucunement l'empêcher.

Voici ces cinq mots.

Le METRE, unité fondamentale des mesures de longueur, et qui a 3 pieds 11 lignes et demie de long.

L'ARE, unité fondamentale des mesures de surface, et qui contient près de deux perches de roi.

Le STERE, unité fondamentale des mesures de solidité, qui contient environ 1 septieme de toise cube.

Le LITRE, unité fondamentale des mesures de capacité, tant à liquide qu'à grains, et qui contient en liquide, une pinte 1 vingtieme, mesure de Paris, et en grains, 1 litron ¼, mesure à bled, de Paris.

Et le GRAVE *, unité fondamentale des mesures de pesanteur, qui pese 2 livres 6 gros.

Ensorte que quand on le veut, au lieu de dire un *mono* d'étoffe, on dit un *monomètre*, ou simplement un *metre* d'étoffe.

Au lieu de dire un *hecto* de terre, on dit un *hectare*.

Au lieu de dire un *double-mono* ou *bimon* de bois, on dit un *double stere*, ou *bimon-stere*.

---

* Ce mot, qui correspond au *Kilogramme*, et qui avait été si bien imaginé par la Commission temporaire des mesures, n'est point non-plus dans le décret : mais comme l'analogie et les besoins du commerce exigent impérieusement qu'il soit l'unité fondamentale, afin de ne pas manquer de termes pour exprimer les fortes pesées, on a cru devoir l'établir avec ses multiples et sous-multiples. Seulement, jusqu'à ce que la loi ait été réformée, on exprimera toujours le mot légal entre deux parentheses, à la suite de celui substitué. Voyez au surplus l'instruction élémentaire.

Au lieu de dire un *déca* de vin, on dit un *décalitre*.

Au lieu de dire un *kilo* de grains, on dit un *kilolitre*.

Et au lieu de dire un *demi-hecto* ou *mectin* de sucre, on dit un *demi-hectograve*, ou *mectingrave*.

Mais comme il n'est sûrement personne qui ne sente que quand on ne dit pas une aune *courante* d'étoffe, un arpent *quarré* de terre, une toise *cube* de maçonnerie, une velte de *capacité* de vin, un boisseau de *capacité* de grains, une livre *pesante* de sucre, on ne doit pas dire non-plus un *décametre* d'étoffe, un *hectoare* de terre, un *kilolitre* de grains, etc. Il suit de-là que l'on ne donnera pas même le conseil de réunir ces deux mots, si ce n'est quand on a besoin d'exprimer ces mesures d'une maniere indéfinie, ou quand une marchandise se vend de deux manieres différentes, comme le bled, qui se vend au *boisseau* et au *poids*, parce qu'alors il n'est rien de plus aisé que de le faire.

Ainsi donc, par ce moyen, les 72 mots dont la nomenclature du nouveau système est composée, se trouvent réellement réduits à 16, ou tout au plus à 19, ainsi qu'on en jugera encore mieux par le tableau suivant, dressé dans l'ordre de leur décroissance.

Tableau de la nomenclature du nouveau système des mesures, réduite à 16, ou tout au plus 19, et dressée dans l'ordre de leur décroissance.

Le *myria*, valant (dans tel genre de mesures que ce soit) 10000 fois le *mono*, autrement l'unité fondamentale.

Le *kilo*, le valant *idem* 1000 fois.
Le *demi kilo* (milo), le valant 500 fois.
Le *double hecto* (becton), le valant 200 fois.
L'*hecto*, le valant 100 fois.
Le *demi hecto* (mectin), le valant 50 fois.
Le *double déca* (bican), le valant 20 fois.
Le *déca*, le valant 10 fois.

Le *demi déca* (mical) le valant 5 fois.
Le *double mono* (bimon), le valant 2 fois.
Le MONO, le valant 1 fois.
Le *demi mono* (mimar), qui en vaut la moitié.
Le *double déci* (bici), qui en vaut la 5e. partie.
Le *déci*, qui en vaut la 10e. partie.
Le *centi*, qui en vaut la 100e. partie.
Et le *milli*, qui en vaut la 1000e. partie.

Et les trois suivans pour descendre aux plus petits poids.

Le *décimi*, qui en vaut la dix-millieme partie.

Le *centimi*, qui en vaut la cent-millieme partie.

Et le *millioni*, qui en vaut la millioneme partie.

Quant à la nomenclature telle qu'elle a été décrétée, voyez l'Instruction élémentaire du citoyen *Aubry*.

De l'Impr. de PELLIER, rue des Carmes, n°. 1.

www.ingramcontent.com/pod-product-compliance
Lightning Source LLC
Chambersburg PA
CBHW060915050426
42453CB00010B/1736